韜光齋吟草

朱秉義著

文學叢刊
文史哲出版社印行

國家圖書館出版品預行編目資料

韜光齋吟草 / 朱秉義著 - 初版 -- 臺北市：
文史哲, 民 103.01
頁; 公分（文學叢刊；314）
簡化字版
ISBN 978-986-314-166-2（平裝）

851.486 103000197

文 學 叢 刊 314

韜 光 齋 吟 草

著　　者：朱　秉　義
出 版 者：文 史 哲 出 版 社
http:// www.lapen.com.tw
e-mail：lapen@ms74.hinet.net
登記證字號：行政院新聞局版臺業字五三三七號
發 行 人：彭　正　雄
發 行 所：文 史 哲 出 版 社
印 刷 者：文 史 哲 出 版 社
臺北市羅斯福路一段七十二巷四號
郵政劃撥帳號：一六一八〇一七五
電話886-2-23511028・傳真886-2-23965656

定價新臺幣三五〇元

中華民國一〇三年（2014）元月初版

ISBN 978-986-314-166-2 09314

自序

學詩之要，蓋在學所以為言，斯孔子萬世不磨之詩教。言而不盡，發於咨嗟詠歎，不能自已，必有自然音聲節奏生焉，此則朱熹夫子確認詩之所為作之睿見也。據此，吾人推定，吟詩即所以傳前賢往哲雅言於後世，當無不妥。於歷代騷人墨客嘉構中，果能察之情性隱微之間，審之言行樞機之始，則立身行道之方，無待他求矣！

遯身海嶠，倏忽已逾一甲子。僥倖廁身上庠，稍盡書生化育傳薪之責。著述課徒餘暇，輒藉寒暑假之便，攜家人旅遊國內外：或登覽名山大川，或參觀文物古蹟。聽雨觀雲，審同察異，其樂有在行骸之外。所思所感一多，詠物抒懷範疇隨之開拓。短句長篇，固未敢夸言盡屬構思窈冥、運筆空靈之作；然於言近旨遠、深入淺出之義，實多所用心；尤服膺斂衽「詩到極則，無非寫自己胸襟」」之訓。

是篇收古、近體並譯詩等計一百七十一章，而以自序冠於篇首，三五知交屬和之什及說明標為附錄殿最。內人余堯芬多次偕同參加學術會議，有所感發，成「浮生瑣憶」一文，亦加登錄於後。要之，敘物、索物與觸物，絕不違言情、託情與起情之旨。寓意與感，總在物理人情間迴旋。讀者儻欲索箴時之弊、補政之闕於篇中，恐難如願；若退而求其「既成章也，有我焉。」則庶幾矣！

中華民國一〇二年十月三十一日藍天大地韜光齋主人 **朱秉義** 謹識

韜光齋吟草

目次

附錄……一五三

北市外雙溪素書樓錢府客廳合影（中）錢大師賓四先生（右）曾濟群（左）朱秉義

三研所博士班同學聚餐，曾虛白老所長（左）朱秉義所長（右）

韓國李英吉法學博士與口試委員合影：自右至左為曾、蔣、陶、葉、朱諸教授

韓國南明鎮文學博士與口試委員、所長合影：自左至右為王熙元、林秋山、朱秉義、何佑森、王更生、劉兆祐諸教授

韓國黃圭學法學博士與所長合影

李英吉博士與所長合影

韓國金岩山法學博士與所長合影

朱所長與八位法學博士合影

朱秉義於珠海講中華倫理新義，（左）上海華東師大朱教授，（右）中華倫理教育學會巴理事長

朱秉義於北京人民大學禮堂講演『大學』新義

長女柔若獲牛津社會學博士後偕家人接受副校長與院長午餐招待

柔若與父母合影於牛津大學學人宿舍

朱氏三代家人攝於新加坡遊樂區，前排右為祖母林素來女士

朱氏三代攝於新加坡 Jurong 鳥園

朱秉義攝於廣州朱德大將蘭園

蘇州寒山寺楓橋

埃及開羅某旅社陽台

挪威鄉村

朱氏夫婦於西班牙馬德里國家公園留影

朱秉義、余堯芬夫婦攝於加拿大 the Butchart Gardens 一角

英國威爾斯海灘

上圖：英國大詩人莎翁出生地 Stratford-on-Avon 莎劇人物博物館
下圖：莎翁故居

夏威夷鑽石山

夏威夷大學東西文化中心

美國黃石公園

美國故總統甘迺迪長眠處

朱秉義余堯芬夫婦參加北京國際研討會後與交通大學研究生合影

朱柔若教授參加北京國際會議後與母親於故宮廣場合影

甲、古體

秋夕無事吟（注）

休退渾無事，蟲龍恂恂雕。
燈下演周易，中庭漫寂寥。
花謝葉簌簌，馬鳴風蕭蕭。
劉漢麒麟閣，獨尊霍剽姚。
陳摶仙去遠，疇人是天驕。

注：秋夜寒氣襲人，書齋演易，四周寂寂，惟聞天籟之音。所懷萬端，遽成古體一首。
遙寄故舊知交，聊告平安，兼資奉候云爾。

執中頓首　九十六年十月十八日

己丑歲暮書懷

虛聲似逝水，俗累如膠留。
時窮歲尤惡，天意懲人謀。
黃鐘廟堂棄，蛙雀鳴噪酬。
上院如劇院，三公等楚囚。
利口邦家覆，日夜狺不休。
私意分門户，權衡蜂蝶偷。
是非邪正易，泉臺帝王州。
結念闡善美，真情蘊不流。
吾衰蒼生苦，不忍進一籌。

孔子頌

巍巍孔夫子，至聖大宗師。
萬古如長夜，天不生仲尼。
吾道存大學，承啓賴子思。
三綱意具足，篤行莫遲疑。
身修明明德，推愛以親民。
棲止惟一善，君民道德淳。
定靜安慮得，正心居北辰。
近道知先後，物事遞相因。
本治衡厚薄，圓融得道真。

知止知之至，一體化育仁。
回也稱賢者，樂道自安貧。
致知在格物，五字萬古新。
言行樞機物，君子廊廟珍。
千聖傳心訣，穆然高望人。

朱子頌

紫陽老夫子，儒門大功臣。
詩書融理義，執禮化古今。
心感無不正，瑰言儒林欽。
和莊蘊寬密，治亂法程箴。
大醇無小疵，日麗更垂星。
名崇幾百世，澤被遐夷人。
彩筆干氣象，白頭九溪吟。
創新源流遠，武夷絕埃塵。
千古惟格物，致知自通神。

國立編譯館六十週年慶

在昔翰林院，風光六府先。
當今編譯館，崎嶇路八千。
幾經遷播苦，跨海來台前。
址擇舟山路，黌宮數家連。
學廬羅駿士，雅舍列陳篇。
樓高晨看日，樹密午聞蟬。
集思以廣益，教材墨色鮮。
學術融今古，譯筆如刀銛。

剪裁盡心力，得意樂陶然。
尊道弘教化，花甲初度妍。
負重能致遠，薪火冀連綿。

喜高雄廣州友善交流

睽隔逾五紀，疏籬蒙塵氛。
海水沖兩岸，骨肉行路人。
分久殷望合，群生盼聖君。
蓮湖有新蘗，梧子鳳來頻。
荊棘日以闢，行旅百善臻。
福明入室早，德業雙超群。
學術宗孔孟，信仰奉孫文。
小舟精治術，通和社稷臣。
我祖疑若祖，仁孝尊彝倫。

天晴白日炯，雨霽收浮雲。
相見不恨晚，和氣萬里春。
高雄並穗市，允稱連城珍。
白虎授受日，河清草色勻。
黃花塋城奠，不復有啼痕。
更烹張翰鱠，同享陸機蓴。

鄉長輩唐濤伯度丈九三耄壽書畫展

民國百年隆，文壽九三嵩。
壽人兼壽國，執中進華封。
百戰歷艱險，半生事戎行。
復員銷金甲，力耕楮墨疆。
辛勤數寒暑，古今書體彰。
上下數千年，簡編有餘香。
晚歲藝圓熟，書畫兩擅場。
筆意尚質樸，線條沉穩揚。
遠承唐寅祖，比肩道周公。

鄉賢馬兆麟，韓馬藏錐龍。
高寒月中桂，清拔雪下松。
林瑞亭曾筠，畫筆並清宏。
笠雲與貽祖，蕭詹詩雙工。
東山號蝶島，耆老謹田桑。
山河大地動，志士走他鄉。
五千少才俊，從軍守台澎。
至親蹟堪述，唐公家君同。
銘新賢世伯，世務渺爭衡。
孟嘗譽再世，先考騰聲榮。
地靈人自傑，我祖朱晦翁。
予亦能高詠，瀟灑雪霜中。
在昔梁武帝，論書有主張。

事跡顯易見，理相微恒藏。
右老發其奧，自然非尋常。
草聖不虛譽，仰鑽高堅雄。
歷代多作手，罕計牟利功。
古賢再難得，今人多猖狂。
敢借杜陵筆，潛德發幽光。

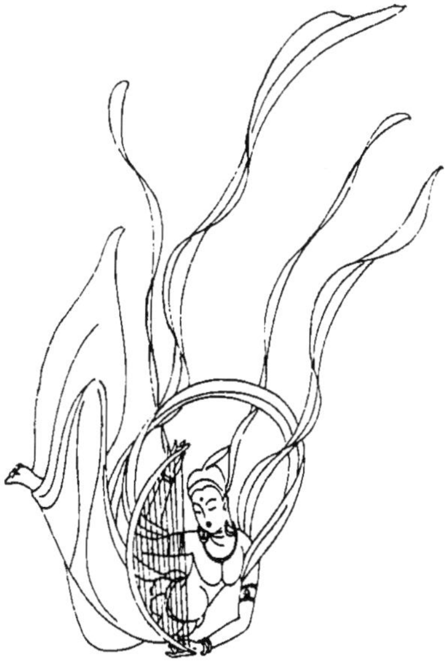

趙大使金鏞伉儷金婚畫展詩以爲賀

趙唐賢伉儷，才藝雙超群。
倜儻能專對，彩筆摛繽紛。
從心不逾矩，結褵五十春。
愛女恭獻策，畫展慶金婚。
貴陽華姝子，世系出名門。
少有臨池好，勾勒生奇紋。
志學求師友，妙悟通經綸。
德容雙具足，天賜美郎君。

敦誼持漢節，柔遠護僑民。
南非踵歐陸，僕僕於風塵。
萬里長為客，鶼鰈情彌深。
秀崖連流壑，攜手共幽尋。
紆尊助義賣，大愛遂發心。
丹青十山水，名揚萬國賓。
舊雨傳魚雁，對畫思故人。
及門多秀出，雲峰千里新。
啼聲斐都迴，好音嗣中原。
奧京維也納，二度揚清芬。
大使厥功偉，夫人巧運斤。
虛懷其若谷，溫厚古風存。
吉日群賢至，靚觀萬壑雲。

交親緣文字，直諒方輔仁。
品賞情怡悦，佇望鑚婚臨。
更持一樽酒，相與細論文。

七月初四史博館觀王生士儀嗅月凌煙書法展

戊子七月初，嘉會史博館。
嗅月凌煙霞，風流法書滿。
平生絀於書，解書不敢誣。
側聞前哲語，微衷幸一舒。
齊帝重張融，卿書氣韻雄。
楮墨奇峰峻，但恨闕王風。
長史彌自信，直言貴創新。
我無二王法，二王法無臣。

草狂米南宮，卓論世人崇。
蔡襄字善勒，沈遼排字工。
描精數山谷，畫字東坡翁。
芾也敢自棄，刷字萬丈虹。
字神誠有此，字色別有指。
圓卓超與堅，王澍發微旨。
如山未足珍，萬卷始通神。
欲臻高境界，忘荊亦忘人。
胸中有成竹，手巧緣得心。
百體應手入，樞機自天臨。
士儀稱畏友，四十四春秋。
同沾曉公澤，學術儘堪儔。
交情澹如水，恬然物外游。

詩書有同好，不善稻粱謀。
學書守庭訓，入手歐陽君。
斷崖與峭壁，飄然出岫雲。
而立氈裘氣，方銳出魏碑。
索求草聖軌，逆筆斂鋒隨。
法脫不強求，法縛何必是。
筆筆涵創意，源源自胸起。
方正兼奇逸，卓哉四美止。
先師羅佩公，鑑精心獨喜。
格物慕前賢，致知豈容已。
願多素心人，同汲諧和美。

贈天才畫家周錫瑋縣長

才氣橫溢貌堂堂，前身合是美周郎。
江東子弟才俊多，牧之詩思果如何。
政通人和治大縣，美境瑰績人共見。
上臺優雅下臺佳，立德立功一曲諧。
辯才無礙外文好，機智詼諧人絕倒。
無師自通精油畫，百幅奇珍堂中挂。
構圖設色創意新，酒醇瓶棄妙入神。
百尺竿頭更躍進，承先啓後大師任。
畫布入眼恣意戳，霽月光風腦中伏。

當年英傑邱吉爾，執刷抖顫不敢牴。
君灑大彩涵大美，游刃有餘似花市。
斑斕千萬盡成詩，從今藝苑不我遺。
我心自有新天地，何必惓惓廊廟志。

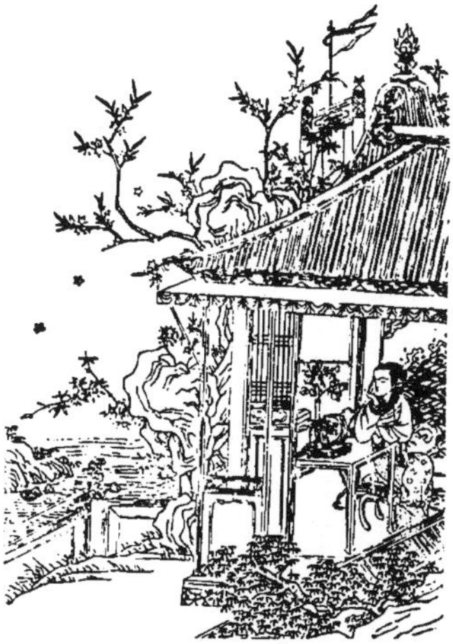

滄桑紐約曼哈頓

羅馬帝王勤遠猷，遙征遍伐度美洲。
艾柏拉肯治新置，拉丁名號長為誌。
市徽遺跡赫赫名，魯道夫帝築邊城。
十七世紀荷蘭起，姆斯特丹號奇偉。
為彰帝國仁風覃，蠻荒正名尼德蘭。
遭襲失守張英幟，光復易名奥蘭治。
捲土重來詹姆斯，一六七四償夙志。
重據約克逐荷去，查爾二世享盛譽。
一七七六六月四，十三州建獨立制。

約克舊郡添新義，大蘋果味令人醉。
紐約都分五特區，曼哈頓城風物殊。
帝國大廈摩天樓，環顧四週景點幽。
水光樓樹星燈會，兩極哈林百老匯。
麥迪遜場博物館，格林威治村不晚。
中央公園涵大美，舉世向慕遊人喜。
世貿雙廈肩比鄰，招商萬國一家親。
千禧復始九一一，龍頭偉業一朝失。
無辜靈命三千名，殉樓同毀賓拉登。
日月無光天慘澹，戚友同悲舉世嘆。
天災人禍末世多，捶胸頓足竟如何。
勞政召亂殃不息，貪人有者殘己域。
柔能克剛弱勝強，以樂樂人百代昌。

作威作福遺宿怨，歷歷殷鑑不在遠。
借著代謀拙書生，薰沐再拜陳赤誠。
景氣低迷暖化熾，捐棄前嫌求和懿。
協同一致如弟兄，棄牧就耕慶雲龍。
天道損盈補不足，江海善下王百谷。

賞拉斯維加斯塔上摩天輪寄諸友

瑰麗維加斯，人間奇中奇。
負債惡沙漠，妙手聚巨資。
華廈千劍庫，通衢一盤棋。
星燈交輝映，五色令目迷。
藝能萃眾美，豪賭客不疲。
晝夜無間歇，行旅樂忘歸。
巨塔摩天輪，千仞白雲陲。
驚心復動魄，勇者冷眼窺。
百夫登梯頂，四客矯龍姿。

為樂不可極，失足任所之。
二度履斯境，奇幻盡堪追。
何以報知己，恨無絕妙詞。
重九登高處，未曾降瑤姬。

遊加拿大布恰公園寄同遊諸教授

幽棲此屬誰，加國雙布恰。
昔日開礦苗，鑿地勤創業。
巖裂山立崩，泉枯不聞霎。
造物無盡藏，巧取理未愜。
酬彼造化恩，精研園藝法。
經營數十年，拓地百來甲。
享譽遍全球，春色滿寒硤。
楓醉菊正黃，坪草青氈壓。
龍膽繞假山，曲徑花床狹。

姹紫映嫣紅，輕寒蝶翅怯。
桃雨逐柳風，塘戲綠頭鴨。
夜景迥不同，霓虹爛漫插。
隱約萬叢間，千盞琉璃匣。
一水動星芒，疑是仙眼眨。
歸期不可延，玆遊已欣洽。

哀布里斯班洪災

澳洲新天地，國民凌雲志。
美景益天工，環球多向風。
百年大洪水，天災逸常軌。
哀哉昆士蘭，首府遭急湍。
水深二十尺，滿目瘡痍跡。
罹難二六人，可憐逐波神。
失蹤四十三，救難機未諳。
幸運奇丁男，安然渡江潭。
市民二百萬，空城餘碧嵐。
萬國虔同禱，重整樂且耽。

北歐峽灣吟

北歐島四國，挪威峽灣卓。
冰河千萬年，擠壓更深斲。
長度兩萬里，海岸線屈曲。
碧水軟玻璃，晶瑩剔透玉。
綺麗多奇幻，經眼長嬌妍。
靜謐狹海灣，山高水自閒。
倒影入圖畫，嶔崎千陵巒。
名峽號松恩，曲線天馬韁。
縱深千三尺，二百里川源。
挪威腰貫穿，峭壁月中攀。

二千四公里，高度世莫比。
觀光豪華輪，峽灣浮蓋倫。
碧水不泛波，兩岸巔嶙峋。
峰峰雪圈亮，潔白最可憐。
小舍藍綠間，疏落翠微鮮。
夏谷涼風頻，遍地盡芳茵。
比肩蘇格蘭，瑞士平生親。
天地人俱寂，鄉野度假村。
旅人多駐足，不醉亦銷魂。
雪融時入峽，水鏡益澄澈。
山景倒影奇，宛然蝴蝶結。
連綿數公里，光彩燦難滅。
幽型百彎道，精靈足跡存。

穿山越嶺去，鬼斧神工痕。
重山瀑布多，銀絲間白羅。
仙境能幾過，頭白奈我何。
驚才李謫仙，絕豔著鞭先。
水如一匹練，此地即平天。
郵輪劃碧鏡，遊客樂歌詠。
放眼岸邊屋，紅黃橙雜布。
天藍山水綠，彩色繽紛蓐。
童話世界真，安徒生奇人。
瑞典與芬蘭，海島千湖津。
昔遊曾有作，十全詩影珍。
凋零歸泰半，思之欲沾巾。
早應棄軒冕，紅顏臥松雲。

贈孟買小姐甘蘿珊

尤物人間少，獨冠鸞鶴群。
白妝宜短袖，小套襯紗裙。
唇香美目盼，秀髮疑飄雲。
肌膚彈立破，骨肉何圓勻。
酥胸半露美，楚腰萬象春。
舞姿輕飛燕，旋身綠羅紛。
驚鴻翩翩逝，遺客蘭麝芬。
海倫日遠矣，我懷王昭君。

過星嘉坡牛車水

南疆拓荒客，揮別漢山河。
篳路開榛莽，翻騰滄海波。
荒陬成市集，椰樹影婆娑。
舊街牛車水，風光旖旎多。
四季皆春服，飄逸香雲紗。
依稀潮汕地，彷彿漳泉過。
當店風帘動，藥鋪銅碾磨。
善堂號同濟，施澤遍外勞。
運移市朝變，老舍日腥臊。

耆老咸嘆息，登徒擊鼓歌。
好花移新壤，所遺老枝柯。
時運苟如此，西化其奈何。

哀牢山哈尼族梯田美景頌歌

天人諧和樂，哀牢銀河津。
壯哉哈尼族，崇山入避秦。
遠溯隋唐祖，深窮造化源。
峻嶺二千米，三五度均溫。
天工益人力，代代勤耕耘。
絕頂三千級，梯田美無垠。
分布周四縣，首紅河綠村。
金平嗣秀出，元陽亦超群。
甘泉田田有，渠道科學根。

攀臨老虎嘴，入眼萬豹紋。
美田盈水後，紅綠蘋繽紛。
晚霞西天映，倒影火燒雲。
霧濃水墨畫，黑白斡乾坤。
明暗光譜劇，冷暖兩極分。
虛幻疑仙境，旖旎九霞裙。
巧手不忘本，屋草菇覆盆。
山河大地俊，隨處任寫真。
攬勝酬知己，山水信通神。

穗市三日遊

辛亥百年動，皓首謁墓園。
右任悲失國，執中拭淚痕。
開國賴先烈，興邦崇孫文。
北伐定一統，黃埔奠軍魂。
抗日淞滬役，英勇十九軍。
廣州大學城，盡多廊廟珍。
朱德梅蘭圃，飛玉飄香均。
三五苞待放，越俎倩東君。
茲遊得趁興，友生意殷勤。

座車備別克，馳騁絕囂塵。
別宴如家宴，歡樂難具陳。
三日侍左右，溫厚茹小雯。
夙願欣已償，飄然還國門。
韜齋推窗望，寒梅一樹春。

北京人大第四屆兩岸倫理學術研討會賦贈羅巴諸友

人間重倫理，道德淨妖氛。
京師群賢進，人大細論文。
四維倡管子，治平曲彌高。
國士稱超犖，先生負杰操。
孝行喧兩岸，巴公士庶欽。
信誠師孔孟，踐履通古今。
名師出高徒，會長德不孤。
瑛瑩殊美玉，將迎足歡愉。

資訊張旗鼓，三地育英才。
風雨正如晦，雞鳴啓泰來。
魏君最瑰瑋，英氣沖斗牛。
敏慧有節概，一士不易求。
曲阜鄰夫子，歸裁善執中。
名山業有立，昂然嘶北風。
祥瑞光齊魯，安祺遺子孫。
虛懷其若谷，慷慨振黃魂。
首都安教授，天宇燦卿雲。
梧桐棲彩鳳，誨人作師君。
黃鍾伴大呂，人傑因地靈。
栽桃復植李，處處芳草青。
新疆奇俠女，學術心更雄。

一輪升海嶠，五色麗蒼穹。
聞說中生代，北京稱萬生。
菸酒不離口，筆俊人勤耕。
巴水英雄漢，萊衣孝義聞。
御氣九州小，挹雲天宇紛。
惠心宗人愛，巧手戚友誇。
英倫欣負笈，康橋飄柳華。
交流邁四居，舊雨悦新知。
歲暮情轉熾，歡娛及良時。
衛城天津市，黌府訪名師。
蒐羅多珍品，評鑑有所思。
中古隆興寺，萬劫今倖存。
觀音大士相，雅致發幽芬。

溯源周口店，猿人骨骼珍。
跡真年代遠，山頂洞中人。
擾攘緣底事，骨肉一家親。
嘉會期有日，揮手共沾巾。

乙、近體

一、居臺詩

台北上河圖

巧手開天眼，上河台北圖。
燈星交閃爍，上帝亦歡呼。

林靜娟女史義勇殉職

風美勵高節，教衰榮利先。
得仁垂典範，淑世十千年。

華岡即事

迎面櫻花早，林中萬樹濤。
秋來黃菊好，山上白雲高。

半山居口占

石徑苔生滿，高樓夕照紅。
璃門資望遠，捷道萬車通。

物愛（悟愛）

宇宙涵情愛，平分物與人。
悟心法華轉，潔淨六根塵。

華岡萬里樓遠眺

徙倚樓西角，凝眸望遠空。
芳郊容試馬，晴塞欲來鴻。
疏雨迷幽竹，殘雲度晚楓。
未歸元亮井，鄉思近來濃。

贈紀政女史

高山藏碧玉，幽谷綻奇香。
伯樂懷天鏡，鮑公挾義方。
伶牙超兕虎，捷足邁羚羊。
正德三綱立，厚生百代昌。

丁丑冬闈賦贈曾教授厚成兄

考亭愧吾祖，未嗣紀雕盟。
玉尺欺新手，荊州仰盛名。
孝行承一貫，仁道慰三生。
德業新加厚，文章老更成。

台北一零一高樓

擎天一柱鑠煙霞，四顧蒼茫夕照斜。
車水馬龍商賈集，不嗟昔歲上仙槎。

首善之區

台北地標舉世知，迎禧煙火競雄奇。

謙和守禮民安樂，四季如春選勝宜。

大龍峒孔廟

聖廟大龍洞泰亨，千人佾舞律和聲。
四方才俊爭來集，拔萃抽毛智慧生。

國父紀念館

館閣莊嚴國父名，威靈赫赫護群生。
華人幸有歸依處，四海同心事業成。

中正堂暨兩廳院

樂廳劇院赤城霞，畫棟雕欄國色誇。
至正大中璀璨立，升堂游客挹光華。

清明追懷介公

數篇遺策散幽芬，擊潰強鄰洗夜氛。
生聚十年重教訓，令人長憶蔣家軍。

總統府

成敗興亡一局棋，無常世事不勝悲。
八年聖戰餘台島，樞府朝朝展國旗。

艋舺龍山寺

金碧輝煌魏晉間，千年古剎況龍山。
飛檐彩壁香爐滿，雅俗同游意自閒。

圓山大飯店

遙想枕戈待旦時，瓊樓玉宇啓人疑。
酬賓義餽雪中炭，獻策疇人留去思。

故宮博物館

山明水秀博宮游，文物精華此盡收。
仰止前賢慚格物，秋來春去幾多愁。

杭立武先生博宮藏寶

轉進倉皇忘我為，精忠勁節誓相隨。
當年幸好杭公在，護寶維珍羽檄馳。

喜春（台北花展）

春色滿園造化工，芳菲競豔悵難同。
坐忘藍綠橘紅白，萬古浮雲過太空。

遊淡水登福隆高塔懷古

塔樓上與白雲齊，登覽蒼茫翠黛低。
寂寞淡江帆去遠，襄陽不重紫封泥。

鄉情憶往

少時舊事不堪聞，獨上青天欲拏氛。
客思於今深似海，鄉情半繫李彬君。

韓生李英吉博士口試贈蔣緯國將軍

神武鷹揚德國風，知書達禮忘年崇。
韓生慕義尊先覺，絳帳香飄景福宮。

謝郭賈賢伉儷兄嫂賀節

良朋遺我浴蘭箋，款款深情端午天。
屈宋風流成絕響，還尋米芾畫書船。

丁丑詩人節

屈子浩歌動汨羅，秋風嫋嫋洞庭波。
凌波帝子今何在，依舊紛紛落葉多。

賞水墨動畫

山青水綠雪花飄，浮動暗香過石橋。
畫手詩心留白見，輕沾淡墨不堪描。

賞百合花

晶瑩潔淨美仙人，顧盼生姿不染塵。
膚雪心丹裙翠綠，清和冉冉一番新。

寄普觀居士

燈火通明徹九霄，京城氣勢不蕭條。
惡颶虐台安然度，學道參禪陋巷瓢。

普觀居士精選紅瓷圖戲贈

居士慧心伸妙手，牽來十八美紅妝。
姿容骨骼千般態，讀易吟詩陋室香。

全球暖化

肉食鄙夫筆入神，朱門死骨五方民。
全球暖禍同籌策，去牧就耕萬象春。

哀八七颶風死難災黎

一壑濁流通墓園，四條賤命委荒村。
滿朝權貴緘金口，漁父何緣起醉魂。

惡颶八八滅村舉國哀痛

土石濁流汰茇村，幾多靈命葬荒原。
顢頇主事先機失，元首赧顏弔野魂。

春遊廬山

一重迷霧一重山，杳杳濛濛幾百灣。
霧散山明路平處，梅香陣陣族人還。

呈湖湘詩人李漁叔先生

重蘇萬象託雲箋，宛轉迴環鎖管弦。
采采蓬蓬塵一洗，日臨瑤圃玉生煙。

口占贈福州詩人陳雄勳兄

黃菊朱籬五柳廬，開軒散髮樂琴書。
絕憐故國多風雨，莫戀山中木石居。

陳雄勳兄喜獲第一春

知君采芼淡江邊，品藻秋闈續美緣。
來日萬芳花月好，鴛鴦羡煞小神仙。

贈藥學專家陳孟英博士

俊乂滿門百練鉛，人文科技互爭妍。
孝思不匱堪治國，底事天涯泛釣船。

呈首屆中山學術研討會與會諸公

五十年來吳越關，今朝論道結連環。
中山遺訓從頭記，重整河山破酒顏。

曉峰張其昀夫子華岡興學

舜水堯山遍八荒，卻勞巨掌擘華岡。
棲遑最是張鄞縣，周孔清芬賴發揚。

勉華岡諸生二首

振衣長嘯陽明山，義利分明入聖關。
濯足長江期不遠，弘揚大道濟時艱。

其二

李白桃紅十萬行，大成敬業壯高岡。
江山萬里樓頭望，立命立心一脈長。

弘揚詩教淨化心靈四首

人心感後雅言宣，邪正是非落一邊。
獨有聖人無不正，考亭夫子序詩前。

其二

萬化根緣總在心，陽明聞道自知音。
聖賢只此環中訣，顏子惺惺陋巷貧。

其三

天下為公不為身，能傳至道是賢人。
榮多辱至君須記，寡欲自然得道真。

其四

行健日新賴此身，辨明善惡見精神。
洗心革面非閒事，致得良知有幾人。

答故鄉親友問起居

十載韜光在翠微，朝看雲霧晚斜暉。
傳經素重緇衣訓，秉筆常懷羽扇揮。
坐忘心齋欣有得，窮幽選勝樂時飛。

子孫器局江東秀，不勉不思是所歸。

無題

神物無端九二蒙，鴻濛美景梓桑隆。
枯魚羈港塵毛盛，鬥鴨離鄉一笑空。
寶島枕戈興滅國，名師雕朽獲非熊。
高徒兒女皆成器，獨立蒼茫五指嵩。

大易贊

乾元為體立綱常，始母名生萬古長。
神質融通功用妙，陰陽成化幾微彰。
唯心唯物胡為體，一道一禪只羽鄉。
悟得宣尼統天旨，裁成輔相人道光。

週日靜坐體道小得

六日為臣一日君，澄心默坐拂埃氛。
軒窗明淨春光好，燈火輝煌夜氣薰。
一點靈明知善惡，十分元氣發氤氳。
熙熙攘攘何時了，道在齋中盡日醺。

甲戌端午前夕

慷慨牢愁盡付詩，風神格調寸心知。
人間理義因多士，海上螭蟲戲幾時。
端節明朝情惘惘，騷魂今夕雨絲絲。
蛙鳴蟬噪鸞歌止，閉閣焚香讀楚辭。

若兒兩岸學術會後謁中山陵

紫金山上碧雲開，寢裡臥龍百代才。
仁貫古今誠繼往，智融中外信開來。
遺言要妙須精審，方策短長待卓裁。
此日謁陵從實告，人心日盛道心隤。

中山學術研討會贈與會諸公

歲逢千禧又逢龍，天下為公夙所宗。
容共心雄韓信識，聯俄策妙武侯胸。
溥泉師出寒霜凜，道一殉身戰馬凶。
三度寒暄臺北市，何年載酒翠亨墉。

甲戌夏吟贈畢業諸生

用捨行藏原有則，騷經玄理不分途。
成均館大天尤大，華夏人孤道不孤。
聖聖傳心延胤血，賢賢易色傲霜株。
一樽轉眼人千里，珍重懸瓠待價沽。

春晚偕博士生暢遊國家公園

綠懶紅慵入暮春，沒階不著世間塵。
崔嵬自召詩人往，沃若爭容俗客鄰。
天下為公千古則，知行合一四方珍。
登臨不作新亭泣，收拾河山合有人。

忠孝木新新舊一蝸居

不嫌鬧市愛郊墟，國泰書香大隱廬。
忠孝今為商賈地，木新原屬儒林居。
攀雲舉手一軒閣，攬翠扶筇三徑閭。
修道讀書端可喜，樂天知命有誰如。

文大新建大樓大恩館落成

大恩千仞接雲端，萬里山河眼界寬。
最是草萊初闢日，那堪風雨獨憑欄。
才高跨灶開新運，志切依仁復舊觀。
著石銘鐘何足勸，翔風浴日九霄翰。

文大建校三十一週年

孟軻雋語久縈思，謀道華岡志不移。
朵朵花時皆入畫，峰峰霧後盡成詩。
藏經樓閣連雲起，繼絕宗師舉世知。
月白風清山雨歇，弦歌不輟泳歸時。

二、大陸旅遊憶往詩

丁亥仲春遊武夷山九曲溪讀元晦祖武夷櫂歌勉成五首呈諸同遊親友並示兒孫

考亭夫子九溪詞，口誦心維有所思。
水壑巖煙奇絕處，詩詩如景景如詩。

其一

不羨人間別有天，桃源翠鎖幾千年。
我來倚櫂平川暗，寂歷空山覓謫仙。

其三

滄桑不廢曲溪流，仙侶同登一葉舟。
雲雨巫山皆幻化，鼓樓玉女自春秋。

其四

澹煙空翠武夷阿，架壑石舟度客多。
朝菌大椿終化物，飽餐丘壑又如何。

其五

二月春寒九曲灘，子陵樂取釣魚竿。
縈洄水上隱屏掌，異日韜齋畫裏看。

王謝故居

烏衣巷口夕陽紅，王謝門庭往事空。
為問雕梁雙燕子，泥花多少上巢中。

秦淮懷古

柳煙沙月石城隈，老木寒雲畫角哀。
十里長隄依舊綠，多情只有雨花臺。

讀謝康樂七里瀨

今古代殊格調同，嚴公任子兩漁翁。
永嘉不用傷遷斥，以道存期化育功。

過寒山寺

不栽楓樹但名橋，獨上江村看落潮。
千古禪林張繼筆，撞鐘題壁老天驕。

重遊寒山寺撞鐘

昔歲鐘聲惹繼愁，撞鐘今喜百無憂。
扶桑過客年千叩，三島災消核廢否。

登白鹿洞寺懷古

扶笻出谷斷迷思，朱陸異同證此時。
懇摯和詩嘉句在，商量舊學養新知。

宿泖島

泖水泖河日夜流，孤高泖塔自春秋。
飄然拾得來飛錫，爭有扶桑一段愁。

遊拙政園

拙政名園朱氏朝，錦衣榮退老漁樵。
花繁石怪禽魚樂，公志興邦擲九霄。

偕内人自南京赴滬探親

花菜畦畦遍地黃，火車馳騁沁油香。
江魚竹筍兼肥美，老舍猶存大舅桑。

翠亨村訪孫文紀念館

雍容大度共稱賢，立德立言願執鞭。
此日瞻依無限意，千禧過盡樂堯天。

詠珠海

千島圈成一串珠，天空海闊趁飛艫。
鑪灣迴出金沙岸，石景宛然百美圖。

題七星岩公園

奇峰怪石生靈氣，兀傲崢嶸似武夷。
岩狀七星沈北斗，依依楊柳畫中詩。

詠史

節義千秋陸秀夫，負孤蹈海恥為奴。
橫琴荒島峰峰血，決戰崖山氣食菟。

攜妻兒陸生禴祭國殤黃花崗

禴祭國殤拭淚痕，黃花黃埔北辰尊。
丹心勁節凋零盡，浩氣長存烈士園。

黃花崗懷監察院院長于公右任

搥地嗥天美髯公，欄杆拍遍夕陽紅。
江山錦繡今如此，漂泊蓬瀛弔放翁。

冬殘遊廣州朱德大將蘭圃

叢叢嘉種發幽芬，瑤圃盛名隔岸聞。
一樹凌寒苞待放，客來選勝倩東君。

鄭教授惠錫蘭花香紫沙壺

妙品單叢上苑珍，齒香喉潤一壺春。
龍芽早著茶經上，蘭譜鄭公陸羽鄰。

吉林訪金朝舊都上京

斷碑零落馬群空，劍插愁雲慘霧中。
千古英雄無覓處，麒麟埋沒臥秋風。

貴州訪上將軍何應欽紀念館

一路崎嶇弔敬公，山河曲直困英雄。
髯翁屈玉銘金石，北伐東征廟食功。

秋泛洞庭登岳陽樓望君山

帝子山靈楚望遙，流風遺韻煒清標。
嶷顛聖寢碑猶在，沅浦凝魂怨未消。
鶴唳朱宮花寂寞，楓飄桂櫂影蕭條。
洞庭浩浩君山暮，惆悵登樓弔二姚。

朱子八六零誕辰武夷山國際學術研討會

廣大精微席上珍，承先啓後老成人。

學庸集注工非淺，理氣分論道自伸。
骨采蒼堅陶李侶，文辭贍逸杜曹鄰。
風趨雲萃武夷秀，萬古長空不染塵。

三、詠第一故鄉東山風景人文

古嶁山頂文公祠

水天一色考亭峰，科舉廢行塾學空。
天教蔡侯平積土，潮來有信德門通。

石僧拜塔

僧伽俯伏拜浮圖，聖哲齋中讀典謨。
儒釋歷來通敬禮，東山石卜蔡潮扶。

登東門塔嶼懷黃忠烈道周

殘磚碎瓦滿階除，片片石齋血淚書。
鼎革非關經世絀，成仁敢惜萬金軀。

九仙石室懷樓孫二公

丹山碧水半池星，曲徑通幽愛晚亭。
元氣淋漓庭集鳳，振聾啓聵著先聲。

虎崆滴玉仙洞

虎崆仙洞本天成，滴玉甘芳醒宿酲。
海闊爭容詩興發，天清無奈黑潮生。

桃石奇觀

王母壽桃落九天，尖端面北體南邊。
風吹不動人推動，忠烈三公勒字連。

關武聖廟

扶漢平吳削魏曹，降魔伏虜舞關刀。
琉璃瓦覆雕粱美，一統志高萬頃濤。

蘇峰拱秀

防寇監倭炖燧添，峰如筆架挺三尖。
城關兒女容顏俊，戴笠蘇峰雨露霑。

歸漁唱晚

浪高岸曲蟹魚多，日夕歸漁處處歌。
貧富不殊兼味飫，笠簑到老去來波。

雙髻山剷平傷祖塋

當年血雨洗荒城，歸夢猶驚草木腥。
欲埽祖塋無覓處，雙山不復髻螺青。

憶祖祠明慎堂

明德慎終祖考祠，齊莊孝弟示孫兒。
田園失守寧天意，短髮驚風夢裏思。

永懷先君英其公

八方異氣獨堅貞，敢與雲長比勇名。
赴義解紛無二諾，一生功過任人評。

東山五千壯士頌

八萬居民半萬兵，田單即墨復齊城。
鉛刀一割尋常事，不冀凌煙閣上名。

四、遊亞非歐美紐澳詩

新加坡謁晚晴園

榕樹陰陰氣象新，崇城史蹟見天真。
瞻依無盡高山意，神武自然不殺人。

遊星加坡喜聞處處鄉音

白雲明月綠濤波，入耳鄉音近雅歌。
盡道李侯能握吐，秉鈞補衮鏡新磨。

遊大馬懷三保太監

三千貫甲下西洋，巨艦蒙衝意氣揚。
大漢聲威加海內，光輝長在白雲鄉。

泰國清邁芭達雅謁鄭王廟

秀水靈山野興多，新聲曼舞盡仙娥。
鄭王廟食湄南岸，受國當年載酒過。

丁丑紐西蘭彌爾福峽灣友誼號遊艇度除夕

美景峽灣水陸多，今年除夕艇中過。
家人別享圍爐樂，賞瀑看山戲碧波。

紐西蘭 Milford 觀賞千年瀑

夭若奔龍瑞色明，鳴鸞佩玉五丁迎。
芙蓉檀口千年吐，白也風流若為情。

虎年新正遊 Waitamo 螢火洞

星辰螢火燦中天，四壁石鐘千萬年。
妙景一生能幾遇，青春逝水照華顛。

過澳洲墨爾本大學若兒湖濱居

一室幽香渡水來，嫵湖相對日徘徊。
如茵芳草時時見，似火奇花處處栽。
翠鳥擇枝歌復舞，白雲迎客鎖還開。

啼聲初試士林喜，歸翮何年詩酒陪。

登埃及金字塔

半生斂衽古文明，此日登臨淚縱橫。
蝶夢陵中思萬里，長城域內草青青。

訪開羅博物館後遊死生二城

黃沙滾滾漠舟馳，木乃伊原絕世姿。
多少興亡多少事，死生城裡鬼神知。

遊雅典衛城巴特農神殿

神殿輝煌今式微，衛城寂寞雨霏霏。
棲皇卻顧盲荷馬，斜抱六弦戴月歸。

華盛頓紀念碑

華碑如矢出雲端，滿地芳菲儘可觀。
金石鼎鐘銘國父，自由民主萬年歡。

華府謁林肯紀念堂

短章偉績度前賢，姓字壽侔美利堅。
身殉道為天下倡，堂前草碧柳含煙。

暢遊美加尼加拉瀑布

崩雪驚雷萬馬奔，霧中少女慰營魂。
浮氛散盡江初霽，共探泓宏瀑布源。

華府全球外語教學研討會

穆穆雍雍大會堂，研幾窮理濟時方。
雕蟲小技非常道，吹萬不同各自芳。

訪莎士比亞故居

遺墨如新不染塵，摩肩接踵拜騷人。
心香一瓣玄鴣子，翰苑傳經故國春。

遊威爾斯懷中史家吉朋

浮驂一路繞山行，遍野牛羊盡有情。
古堡斷垣殘照裡，何人為弔吉朋生。

牛津大學城巡禮

里巷斯文大學城，綠陰深處弦歌聲。
儒宗廟器如雲萃，管領風騷莫與京。

長女柔若獲牛津社會學博士

昔歲觀光口占詩，斯文里巷育英奇。
今朝喜戴方冠美，不羨謝家道蘊兒。

贈編譯館陳之藩志兄

君精物理我吟詩，不負風花雪月時。
牛劍風流千古事，一篇倒影賽嬌兒。

仲夏遊康（劍）橋懷徐志摩

深情萬斛注康橋，蘋藻柔波格韻嬌。
今夏河邊窺舞袖，水煙痕落鶴聲遙。

重遊劍橋

一支伶俜水中生，若比靈均倍有情。
前度劉郎惆悵甚，鵝黃金柳荇深青。

其二

重臨再別淚盈盈，去住無痕蝘禁聲。
一首新詩無限意，風流欲攬彩雲輕。

旅英寄内

步月登樓夜轉闌，碧天如洗祝加餐。
舉杯邀影詩心遠，露冷空憂玉臂寒。

英倫別僑領儲中流

東髮當年共綺窗，相逢一笑臥滄江。
飄然浮海辭鄉國，傲爾移民買客艭。
綠鬢霜侵顏少異，丹心日炙氣無雙。
霧都夜靜瀟瀟雨，觸惹離人憶舊邦。

攜眷三造莎翁故居

印度可捐翁不可，卡萊論定世人欽。

篇篇瑰劇千般賞，句句騷章一樣吟。
老子道通緣用反，秋郎辭窘但徇今。
一區索寞廛聲裏，過巷穿街攜眷尋。

巴黎塞納河入夜風光

客艇逍遙塞納河，波光燈影共娑婆。
羅浮鐵塔遙相望，夾岸梧桐簇錦柯。

遊尼斯蒙地卡羅

蓬萊仙島蒙尼城，綠樹紅樓萬點燈。
風定千帆皆不發，海天寥廓一輪生。

朝發萊因河遙望羅萊像

萊因毓秀海妖妍，城堡宵寒薄曉天。
似幻疑真崖上望，化成白鳥戲船邊。

人車同登巨型渡輪飛渡德國寶登湖

霜鏡寬寬夕照明，人車船上凌波行。
綵帆點點追鷗急，未盡茶甘度寶登。

台北飛法蘭克福途中

電掣風馳十八時，海天一色任翔之。
逍遙逴讓莊周樂，適意深憐禦寇癡。
西陸山川夸秀麗，中原形勝鬥雄奇。

覺來艙外一張眼，萬點星光克福陲。

比利時滑鐵盧村拿破崙碑

南征北討著奇勳，叱吒風雲掃萬軍。
法制精宏真卓犖，鮮烹魯莽失芳芬。
淒涼絕島龍蛇蟄，慘澹荒村燕雀群。
百尺碑前還借問，幾多絕色誤揮斤。

義大利秋紅遍地

秋紅遍地奪天工，最愛深紅雜淺紅。
李杜詩心干氣象，樂觀義國一林楓。

翡冷翠烏菲齊藝術館賞畫

宗師一派達文西，亦狷亦狂筆漫提。
夢娜玉波誰嗣響，烏菲齊館夕陽低。

遊水都威尼斯懷莎翁海涅

水道通衢蛛網多，蘭舟飆起白濤波。
通情海涅傳深意，異代莎翁擊節歌。

那波里島偕僑義宗親遊翠洞

五百年前合一家，相逢把盞客天涯。
那波里島風光好，最愛洞中翠玉霞。

遊鐵力士山以國旗贈瑞人

千載皚皚勁一陬，融銷炎夏逼重裘。
龍旗一柱雲雷上，鐵力峰旁萬物遒。

遊奧京維也納莎爾茲堡

清音裊裊玉鉤斜，漠漠南湖罩碧紗。
影片拍成真善美，於今古堡落誰家。

過捷克布拉格之春廣場

堂皇首府春長在，節義千秋烈士魂。
一角殘碑多少淚，我來頂禮月黃昏。

遊波蘭有感

兩大之間難為小，國亡三度又如何。
人權神聖宜尊重，傳語戰神慎用刀。

弔波蘭集中營

沖天怨氣集中營，最是不仁納粹兵。
老壯孩提皆不免，冤魂何日盡超生。

波羅的海三小國

三小比鄰久息戈，市容修整綠陰多。
兵強國富非長策，霸業江邊萬頃波。

初訪俄京莫斯科

霸業當年難與儔，鐮刀斧鉞遍全球。
政經解體生民困，故苑蕭森萬木秋。

遊聖彼德堡夏宮聞奏國歌

芬蘭灣上夏宮妍，雕像名園百尺泉。
興盡耳邊聞聖曲，卻疑身在大臺員。

遊北極圈四國寄同遊

山重水沓氛埃稀，永夜蘭舟坐旭晞。
鐵壁車穿銀漢迴，金灣艇度玉壺飛。
十全影抱蒼松勁，三面山環野草肥。
煙樹鏡花千萬萬，堪儂入鏡雪霏霏。

丙、現代詩

好詩

好的詩，
涵融天籟、創意、美感、哲思：
得其真，
基於誠信不欺、觀察入微；
得其善，
莫非心境澄澈、靈根自植；
得其美，
乃是妙合自然、慧眼獨具。

雨的迴響

窗外，
敲起那滴滴答答的雨打樹葉的回聲。
是天空無意有常的禍福難分的雨淚？
是聖哲悲天憫人的一往情深的清淚？
是市井爭權逐利的欲海難填的恨淚？
啊！那載舟覆舟柔弱復剛強的液體，
可不是雨淚切割不開的成分和源頭！
雨淚：
不管是那些搖蕩在人心間隙的回環；

不管是那些衝激著靈魂深處的往復；
不管是那些灑落入大地上面的沈融；
果能引發相對的感應和無窮的聯想：
如萬古長空和一朝風月的自無而有。
終歸是：
雨不空飄；淚不白流；美不勝收。

眞正的朋友

無庸置疑
你想做一個真正可以推心置腹的朋友
隨時都應該準備好定下心來仔細傾聽
對方因挫折或苦悶發出的煩人的訴咒
同時也應該以同情切己的若谷虛懷
來包容他們迸發出來的激越的哀吟
進而拭乾並消滅他們的眼淚和悲憤
而古今無別賢愚不爭的最好處方當是
激起他們潛存於胸的與生俱來的鬥志

勇敢地去面對逆境並設法去解決難題
身為一個歷經多種生活考驗的老人
我要以懇摯的心來鼓勵青年朋友們
切身體驗明代大哲王陽明的雋語：
須是大哭一番方樂，不哭便不樂矣
當你們遭逢痛不欲生的橫逆煎熬時

心聲

貿貿然我來了！
悄悄地我走了！
十年相思，
終酬夙志。
三星期演易吟詩，
植下夠廿載回憶。
白雲依然蓬島停滯，
五峰山籠新碧紗衣；
俯視碧潭橋下粼粼白石，

方驚逝者如斯；
仰觀初月天上閃閃寒光，
乃覺凌波有跡。
相對無語，
臨別依依；
關懷凝鑄在木架十字，
人世間言語盡屬多餘！
新坡道上車輛來往攘攘熙熙，
殘棋局中幽人思緒憂憂喜喜。
微醺驚覺酒濃，
犀通難負情重；
你如能解我的詩，
我或可詳你的夢。

丁、譯詩

一、古典詩譯

良牧（聖經詩篇第二十三首）

主來牧我，凡百無憂。
悛我草上，澤畔遨遊。
甦魂凝魄，聖眷無疇。
聖名不忝，正道是由。
途經陰谷，主伴何愁。
策杖持護，我心則休。
敵前讌我，恩施渥優。

靈膏濡首，觥盈欲流。
常侍主側，喜樂悠悠。

黃昏雪林駐馬（Robert Frost）

鬱蒼神木俗塵疏，業主村鄰五柳居。
駐馬林中君未覬，偷閒來賞雪霜餘。
小駒似訝事離奇，不睹莊園何駐為。
林密冰湖生意盡，一年黯淡落霞時。
牽鈴擺首目幽人，道盡途窮爭問津。
習習谷風吹雪片，希聲天籟一番新。
深林窅杳最堪憐，守約踐盟歲月遷。
山遠路遙迴瘦馬，中心無愧卸肩眠。

物珍難久留（Robert Frost）

珍貴推春綠，嫩色可長欲。
初葉即丹華，時過立幻化。
葉葉接踵凋，伊甸泯歡笑。
破曉旋白晝，物珍難久留。

戀海情癡（John Masefield）

寥廓海天太液池，樓船雄偉一星垂。
風吹輪轉白帆動，霧海灰濛拂曉遲。
大海歸棲繫我思，潮聲呼喚不容辭。
銀城皎皎終風起，雪浪沫花海鳥悲。
歸去海鄉志不移，族群流浪世人知。

鯨姿鷗影波瀾壯，霍霍刀風厲若笞。
海戀痴迷不自持，遠航多故事非奇。
蓬山瀛島神仙侶，美夢酣眠下值時。

老鷹（Albert Lord Tennyson）

鷹爪如鉤百煉堅，重輪睥睨峭壁顛。
青天嘯傲蒼茫立，獵物昭昭巨眼前。
下顧柔波起皺瀾，胸儲廟算等閒看。
氣吞怒海雙鉤緊，蓄勢霆搏一縷寒。

霧（Carl Sandburg）

何處濛濛霧，雪姑玉步勻。
蹲姿觀市港，散作翠帷塵。

我心激越（W. Wordsworth）

一彎彩虹，乍見蒼穹。
砰然心動，雀躍欲狂。
垂髫如此，而立情濃。
黃髮變志，歸土何妨。
完形赤子，壯士封翁。
敬憚造物，鬼斧神工。
生老病死，盡扣環中。

皮珀詠歌（R. Browning）

最愛春景，好鳥嚶鳴。
清晨爽氣，沁人心脾。

曉鐘七鳴，步穩神寧。
山陂朝露，晶瑩剔透。
雲雀迎曦，翱翔天際。
蝸牛蠕止，往來荊刺。
大化旋機，萬物熙熙。
上帝平章，九天安詳。

意摯更情真——旅德寄內（Samuel T. Coleridge）

身有棲梧雙飛翼，孤翔萬里繞卿飛。
悠悠遐想癡人夢，郵鼓頻催不忍歸。
夢中遽爾度閨闈，繾綣卜花弄碧徽。
日月星辰歸我有，寤來寂寞掩空扉。
巖巖皇命羈夢難，拂曉醒來隨所安。
睡眼惺忪非所恨，闇中內視周夢殘。

二、現代詩譯

贈雲雀（W. Wordsworth）

您興奮莫名，因而神聖的歡愉
化為您浩浩的歌聲。
喜悅的心情，只有一日之晨可喻，
您呵呵的笑聲夾雜著揶揄而升騰。
唉，儘管前途崎嶇不平：
荒野迂迴多荊棘，而又大道滾滾塵生；
可是只稍一聽聞到您，或是您的同伴，

那滿溢天堂歡樂的嚶鳴；
樂天知命的不佞，就奮然踽踽前行；
並且切盼更多的歡愉，
在大歸時能心想事成。

夜鶯（W. Wordsworth）

夜鶯呀！您的確是
擁有「炙熱心腸」的良禽君子。
您的長鳴尖銳刺耳，
喧囂諧和而又凌厲無比！
您引吭高歌、欣喜莫名，
酒神似已為您紅線牽成；
您的曲調譏諷滿溢，

陰影、露珠和靜夜都無法讓您噤聲；
您尤其鄙夷那不停的歡笑與
隱藏於空林裏的虛情。

冷井熱情（W. Shakespeare）

愛火讓它的熱度恆久傳延，
變成能夠治病的溫泉。
愛火可將泉水煮沸，
水則難把愛情冷置。

恩得蒙（John Keats）

那後生少年
仰首觀望，愧疚和愛憐

於眉宇間交雜舒展；
倏然覺察微風輕拂蝶翅，
眼瞼隨之微張流轉。

人心四季（John Keats）

在秋季，
他的靈魂棲止有次，
他斂起了肢翼，慵懶地，
凝視著煙霧，讓各色美好的物事，
一如溪水般漠然流逝自恣。

莎翁商籟詩第二十九首（W. Shakespeare）

我罹逢不幸、遭人白眼，

自傷身世飄零，淚盈欲傾；
對彼不仁天地、徒自吶喊，
自怨自艾詛咒厄運纏身的苦情。
私下祈願似彼幸運兒般前途光明：
儀表出眾、交遊廣闊而人氣充盈。
一味羨慕人家文章富贍或才氣縱橫，
卻對自己的天賦閱歷視如敝屣賤輕。
左思右想，類此心智豈非自暴自棄；
倏忽間靈光一閃憶起你——真我靈智；
這恰似破曉時分一隻雲雀凌空飛起；
矯翼振翅，在天門旁引吭高歌讚美。
你的愛我珍視如瑰寶櫛比，
即尊貴王位也難令我追悔。

附錄

一、知交酬詩並紀

口占贈陳雄勳兄（注）

朱秉義

黃菊朱籬五柳廬，開軒散髮樂琴書。
絕憐故國多風雨，莫戀山中木石居。

朱秉義教授賜詩次韻奉答

陳雄勳

山幽樹鬱綠充廬，時約白雲來看書。
三徑初成新卉出，高軒遽爾過寒居。

其二

野意禪心靜一廬，塵凡淨盡樂琴書。
名篇讀罷添新趣，木石情深自繞居。

注：陳君雄勳，今之詩人也。其詩清新飄逸，有宋人陳簡齋先生遺風。民國六十七年夏，予與君邂逅教授訪美團，以品味相近，頗為投緣。月餘相處，或偕遊異國山川，或共賞文物建設，遂成莫逆。歸國後並三五知己，時相過從，煮酒論詩，月旦今古，頗饒以文會友、以友輔仁之趣。七十年夏間，君坡內坑新居落成，承柬邀餐敘。是日座中，風雅之士雲集。予酒酣耳熱之餘，感新居僻處煙巒萬疊之中，一水縈迴，林木蓊鬱，繞綠送青，好鳥嚶鳴；益以盈室琴書，主人高致，不啻置身世外桃源也，因即席口占一絕寄意。頃蒙賜寄和詩二首，一并附載拙詩之後，以誌詩友唱酬之樂。

遊加拿大布恰公園寄同遊諸教授（注）

朱秉義

幽棲此屬誰，加國雙布恰。
昔日開礦苗，鑿地勤創業。
巖裂山立崩，泉枯不聞霎。
造物無盡藏，巧取理未愜。
酬彼造化恩，精研園藝法。
經營數十年，拓地百來甲。
享譽遍全球，春色滿寒硤。
楓醉菊正黃，坪草青氈壓。
龍膽繞假山，曲徑花床狹。
奼紫映嫣紅，輕寒蝶翅怯。
桃雨逐柳風，塘戲綠頭鴨。

夜景迥不同，霓虹爛漫插。
隱約萬叢間，千盞琉璃匣。
一水動星芒，疑是仙眼眨。
歸期不可延，茲遊已欣洽。

奉和朱教授秉義兄遊布恰公園詩

應裕康

萬里茲遨遊，境清幽賞愜。
不意塵寰中，有此紅香疊。
遺我五字詩，猶見晴光燁。
句調若嵇弦，韻高難追躡。
頻年旅食忙，斯道荒涉獵。
為報知交情，軒窗重開篋。
憶昔風花晨，南樓同負笈。

今茲隔山川，何得言笑接。
澄湖綠已勻，西灣堪浮艓。
遲君煙水邊，偷閒來一蹀。
歲月去堂堂，華髮添新鑷。
崇城易暖寒，早晚祈珍攝。

注：遊世界名園布恰，極賞心悅目之致，欣然成十五韻。拙詩分寄同遊諸君後，於民國八十一年三月十二日，接奉高雄師範大學前文學院院長應裕康教授來函，略曰：「頃承以遊加拿大布恰園詩十五韻見貽，弟以在紐約脫隊，未能隨步，讀此益增惆悵。又韻高難步，因另擇葉韻賦此奉正。」應君係予少時就讀國立台灣師大時學長，此次分別代表服務單位，偕往美加出席世界華文會議。沿途論道評詩，飽覽異國風光，間及南樓負笈舊事，頗為歡愉云。和詩錄後，以餉知音。

趙大使金鏞伉儷金婚畫展詩以為賀（注）

朱秉義

趙唐賢伉儷，才藝雙超群。
倜儻能專對，彩筆摛繽紛。
從心不逾矩，結褵五十春。
愛女恭獻策，畫展慶金婚。
貴陽華姝子，世系出名門。
少有臨池好，勾勒生奇紋。
志學求師友，妙悟通經綸。
德容雙具足，天賜美郎君。
敦誼持漢節，柔遠護僑民。
南非踵歐陸，僕僕於風塵。
萬里長為客，鶼鰈情彌深。

秀崖連流壑，攜手共幽尋。
紓尊助義賣，大愛遂發心。
丹青十山水，名揚萬國賓。
舊雨傳魚雁，對畫思故人。
及門多秀出，雲峰千里新。
啼聲裴都迴，好音嗣中原。
奧京維也納，二度揚清芬。
大使厥功偉，夫人巧運斤。
虛懷其若谷，溫厚古風存。
吉日群賢至，靚觀萬壑雲。
交親緣文字，直諒方輔仁。
品賞情怡悅，佇望鑽婚臨。
更持一樽酒，相與細論文。

朱教授秉義贈詩奉和

孫希中

識荊朱教授，飄然思不群。
陽春來一曲，桂子落紛紛。
清光一渠水，橫經滿座春。
感紉君情誼，詩賀我金婚。
一經品題後，身世等龍門。
淵博超凡俗，彩筆動星紋。
鳳毛池上美，盛世掌絲綸。
袞袞官常冷，問道每思君。
早歲渾無計，今作葛天民。
雲月三千里，功名埃與塵。
尺素惠雙鯉，知友倍相親。

謙誠勞想像，慷慨即舒襟。
天下原一致，人心有主臣。
開廳無鼓瑟，何以娛嘉賓。
晤言多所慕，日新以為人。
悠悠遠行客，玄玄尚未聞。
草長鶯飛日，登高望九原。
竟獲非分譽，詩畫合留芬。
何時同煮酒，論文暢幾斤。
不甘物所累，無藏有餘存。
澄靜含山影，幽然出岫雲。
明心方見性，懷寶在親仁。
粉圖何足貢，群賢紆貴臨。
更邀賜高詠，蜚聲賴斯文。

注：壬申正月吉日，應邀赴臺北國軍文藝中心，觀賞趙大使金鏞及夫人唐理博士之「金婚畫展」佳作。是日學術、文化、外交界人士數百人分批前往參觀，可謂極一時之盛。聯合報亦載有專文數篇記詳，於趙大使伉儷之道德文章，多所推崇云。不佞於畫展觀賞多時，承大使伉儷熱情款接，並獲晤多時不見之友朋多人，談藝論文，不亦快哉！返家後，有感於趙大使鶼鰈情深與對國家重大之貢獻，不揣才短，率成二十四韻，藉資揚善。翌日即付郵奉呈趙大使及諸文友求正。

四月二十二日得奉趙大使華翰，略云：「蒙惠錫　傑作，金鏞不文，對詩詞尤為外行。有同仁孫顧問希中兄，敬和貴詩一首，特此寄呈　指導為禱。」云云。趙大使道德文章，向為不佞所崇仰，來書謙抑如是，具見前輩之風範，誠令人感動之至。孫顧問代和詩高健深警，不愧斲輪老手。惟過蒙謬獎，赧不敢當耳。

丁丑冬闈賦贈曾教授厚成兄（注） 朱秉義

考亭愧吾祖，未嗣紀雕盟。
玉尺欺新手，荊州仰盛名。
孝行承一貫，仁道慰三生。
德業新加厚，文章老更成。

奉和朱教授秉義兄敬步原玉 曾厚成

謙德懷文祖，群經蘊蓄精。
詞章稱老手，事業著高名。
學到中西貫，神盈光彩生。
最難心性厚，風韻自天成。

注：丁丑歲暮，應試院典試委員長邀，入冬闈隨上庠諸雋士同執玉尺以量才，因獲識中興大學教授曾君厚成。一周試院聚晤，頗為投緣，年來慍於群小之懷，得少舒焉。君名門世胄，學有根源，是以風儀明朗，韻宇弘深；信其平居恆逍遙乎文雅之囿，翱翔乎禮樂之場也。因贈詩一首，以示傾慕之意。蒙其不棄，依韻屬和，爰附錄以存佳話。

二、浮生瑣憶

浮生瑣憶

朱余堯芬

十五年前孟冬，民進黨陳水扁律師驟登大位初期；兩岸局勢緊繃，火砲試射傳說紛紛擾擾之際，不佞夫婦應邀偕中華倫理教育會諸公，首度前往大陸廣東珠海，參加第二屆海峽兩岸倫理學術會議，並於會中宣讀論文。會後外子曾作一聯託人民大學某教授奉達江澤民先生；以其貼切時局，頗獲與會同仁謬賞。聯曰：

江容百谷水，澤被千禧民。

並有小詩數絕紀其遊興：

翠亨村訪孫文紀念館

雍容大度共稱賢，立德立言願執鞭。
此日瞻依無限意，千禧過盡樂堯天。

詠珠海

千島圈成一串珠，天空海闊趁飛艫。
鑪灣迴出金沙岸，石景宛然百美圖。

題七星岩公園

奇峰怪石生靈氣，兀傲崢嶸似武夷。
岩狀七星沈北斗，依依楊柳畫中詩。

詠史

節義千秋陸秀夫，負孤蹈海恥為奴。
橫琴荒島峰峰血，決戰崖山氣食菟。

去年春夏之交，值崇法謙和的馬英九總統連任，亦撰一聯奉贈胡錦濤先生，於其為兩岸鋪下坦途而致其景仰之忱。聯曰：古月映洲鋪錦繡，長江穿峽捲洪濤。

今歲季夏，習近平先生就職時，有中國夢一語，乃綜結江、胡、馬、習四位領導人行事，融為七絕一首以致賀意：

各領風騷史冊傳

古月映洲鋪錦繡，長江穿峽捲洪濤。
谷風習習梅蘭近，喪亂既平萬里翱。

蓋不佞夫婦，習於民主、自由、法治之生活，深沐五千年歷史文化精華化育，身為台灣社會良心之高級知識分子，站在超然、客觀的立場，對此弦外之音，自不能無慨也。

總統夫人周美青女士的潔身自愛，以及對其夫婿生活細節的嚴苛要求，亦為各方所共睹；行事方式，可謂世界第一夫人的別格。

又旅美友人南熙姊，月前電傳習夫人彭麗媛女史載歌載舞照片多幀及其慧語數百言，嘗復以下面短句，並錄傳諸友求正：

智慧高而氣質好，容貌美且多才藝；活潑健康，充滿自信；允稱君子良匹，堪為女性典範。

又從網路得知，習、彭二位俊男美女，於一九八七年八月，曾偕遊外子第一故鄉漳州市東山縣，並於最有靈感之關帝廟前合影定情，返廈門副市長任所未久，即舉行婚禮，亦佳話一樁也。習先生極重忠義，其敬仰關趙二虎將，豈屬無因？

三、贈北京人學會諸先進聯

贈彭佩雲主席

佩玉繩君子，雲宮止謫仙。

贈黃楠森主任

楠榴梁棟器，森纚積修人。

贈陳志尚會長

懷傅伊素志，尚儒墨初心。

贈豐子義秘書長

仁學通諸子，義方貫百家。

贈段光達館長

清光明庶物，達志啓邊疆。

贈趙春福校長

春到京師千樹綠，福臨翰苑百花香。

贈范文博士

范文正樂憂天下，朱晦翁承啓古今。

四、懷三湘才子李漁叔先生

朱秉義

重蘇萬象託雲箋，宛轉迴環鎖管弦。
采采蓬蓬塵一洗，日臨瑤圃玉生煙。

上詩乃不佞民國五十六年浴佛節，於台北臨沂街李府雅集時，口占以呈漁叔先生者。詩固未敢言工，要亦紀實也。蓋漁叔先生精擅近古各體，驚才逸韻，吹笙織錦，迥異人間；時賢已有定評，褒貶實無與於其詩譽。漁叔先生嘗云：

凡為詩必先致力於文辭，俟理路大通，而後兼及韻事，蓋未有文義棘塞而可以放筆成詩者。此本末不可不察也。

此誠所謂夫子自道也。

漁叔先生，湘之湘潭人也。幼有神采，專心篤學，手不釋卷，讀書目數行俱下。善屬文，而文思捷迅，有所造作，援筆立成；而辭意博贍，人疑其夙構。少有經濟之志，物議咸相推許。日寇入侵，負羽從軍；徑絕攀雲，冰寒墮指。據鞍草檄，風生萬馬之間，拔劍賦詩，氣壓孤鷹而上。七尺一身，廿年萬里；見聞與日俱新，哀樂無端而至。橫截眾流，高樹一幟，非無由也。

先生為文，神思含邈，意在筆先；攄發人思，義達乎道，是以神韻生於筆墨。劉彥和所云：「因情立體，即體成勢。」先生所造，其庶幾乎！蓋其初自六朝入，規模顏、謝，改撤韓、柳，取法乎上也。其《魚千里齋隨筆》，文辭雅訓，章句整齊，宏識孤懷，時與議論相發，深達沈隱俟「文章當從三易」之旨，學子以之陶情治性，必可盡感化之能事。

先生近不惑年，嘗刪定歷年所作詩，輯為《花延年室詩》四卷。辭采麗逸，識見深密，當時騷壇多目為彥龍、希範流亞，而獲「宛轉清便，如流風回雪；點綴映媚，似落花依草」之譽。廿年後復益以旅臺佳構百二十首，並前本合為一卷，重付剞劂，白雪陽春，允為風雅定本。

先生不僅雅擅詩文，書亦精妙。蓋胸羅萬有，飄逸之氣，自然溢於行間也。己酉秋間，蒙先生厚愛，賜贈立軸一幅，上書〈春夜聽雨感舊〉一首，二美兼備，意摯情真，令人感動之至。今距先生之逝已一紀矣，睹物神傷，能無慨乎？

爰抄殿於下，以餉同好：

深杯細酌屠蘇滿，香熏繡被眠花館。
簷前夜半雨如傾，酒醒晨曦光撥眼。
江風適來動梅柳，千囀鳥聲春晝暖。

閭閻歌吹賞新晴，年少追歡忘日短。
於今聽雨客天涯，那向芳時起疲懶。
夢過湘天四十年，老矣欲將愁路斷。

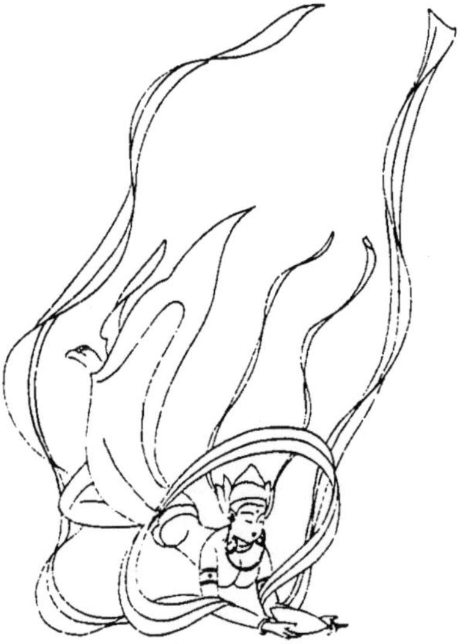

五、宏揚詩教淨化心靈

朱秉義

孔子說：「小子何莫學夫詩。」又說：「不學詩，無以言。」顯然孔子很重視詩教。原因當是：詩向來有「天地之心」的說法。尤其詩「可以興，可以觀，可以群，可以怨。」也就是說：詩能使人感發興起，有觀察風俗效用，能加強團結，更有助感情的宣洩。難怪白居易置詩經於群經首位，並且深一層闡釋說：「聖人感人心而天下和平。感人心者，莫先乎情，莫切乎聲，莫深乎義。詩者，根情，苗言、華聲、實義……。未有聲入而不應，情交而不感者。……五帝三皇所以直道而行、垂拱而理者，揭此以為大柄，決此以為大竇也。故聞元首明、股肱良之歌，則知虞道昌矣！聞五子洛汭之歌，則知夏政荒矣！言者無罪，聞者足戒。言者聞者兩盡其心焉！」考亭朱夫子加以補充說：「詩者，人心之感物而形於言之餘也。心之所感有邪正，故言之所形有是非。惟聖人在上，則其所感者無不正，而其言皆足以為教。」詩之有益於教化者若此。

至於詩能敦厚人倫，請看下舉二例便知。我們一讀詩經蓼莪：「蓼蓼者莪，非莪伊蒿，哀哀父母，生我劬勞。」未有不感念父母鞠育深恩而益增孝思。於讀常棣詩：「常棣之華，鄂不韡韡。凡今之人，莫如兄弟。…兄弟鬩於牆，外禦其侮。」也未有不油然而興兄弟之情的。孔子對於「詩言志」的義蘊，曾經用兩句雋語加以闡發。他說：「言以足志，文以足言。」又說：「言之不文，行之不遠。」於是確立詩為抒情言志藝術語言的地位。美學家朱孟實因之推衍說：「一個人不喜歡詩，何以文學趣味就低下呢？因為一切純文學，都要有詩的特質。」朱自清也說：「好的藝術都是詩。……要在文學跟藝術的天地間迴旋，不從詩入手，就是植根不厚。」要之，從立言來說，詩無間古今，總是一歸於溫柔敦厚的。此所以熊十力認為：後世欲究夫子作人精神與其思想，不可不求之二南。

再就人生日用來說，人終歸難免要步入所謂哀樂中年的階段，讀詩有益於情感與理智的諧和，而使哀樂不失其平。因為處此階段，人生不外安樂與憂患兩種遭遇。處憂患時懊惱過情，必然戕害身心；憒極無聊，更易走向極端。此人處憂患失態現象。學詩而後，事理通達，心平氣和，於吟詠唱歎之間，不平之氣，自然消融淨盡，而達哀而不傷的功效。至處歡樂時窮歡極樂，日久志氣必衰，甚至會誤入流蕩忘返歧途，如此未有不失敗的。此居安樂時之常情。學詩以後，雖身處安樂境況，亦必知所以自制。此即所謂樂而有節的妙用。宋代何子恭基教人讀詩妙訣說：「讀詩別是一法，須掃蕩胸次淨盡，然後吟哦上下，諷詠從容，使人感發，方為有功。」實令人深長思。值此物化日亟時代，欲求淨化心靈，捨宏揚詩教不為功。邦人君子，盍興乎來。